AF620039

Chiara Serafina Campolattano

Dove cedono le stelle

Rosa Anna Pironti Editore

ISBN 978-1-291-22683-6

I edizione novembre 2012
RosaAnna Pironti Editore

Titolo: Dove cedono le stelle

Immagine di copertina: "Winter in the Glen"
Collezione Land di Clare Galloway

...Trovo che la poesia di Chiara sia proprio bella e profonda. Io mi sono emozionata. E non lo dico perché le voglio bene, parlo da lettrice. E' di una maturità sorprendente. Bellissima la capacità di staccarsi dal proprio "io autobiografico" per prendere e abbracciare totalmente il punto di vista altro. Inoltre, sebbene si legga una dolenza e una incapacità di fondo, quindi come se fossero ineluttabili, Chiara non indugia nel sentimentalismo e nei toni disperati di molta poesia adulta che si professa tale.....

Anna Ruotolo

I luoghi della parola

Chi incrocia quotidianamente la vita degli adolescenti, per affetto o per professione, sa bene quale groviglio di emozioni, sentimenti, difficoltà, addirittura disagi contraddistingua quest'età che, solo in seguito, sarà ricordata come il periodo più bello dell'esistenza. Le ragazze e i ragazzi del nostro tempo, d'altra parte, non riescono e/o non sanno esprimere la complessa trama vitale che hanno in sé e ricorrono in prevalenza alla comunicazione sincopata degli sms, delle chat su Facebook o dei messaggi diretti su Twitter. Quale meraviglia desterà dunque in un lettore estraneo all'universo di Chiara Serafina Campolattano la raccolta poetica che qui si presenta!

Chi scrive conosce fin da bambina la poetessa in erba e ha seguito con attenzione la multiforme creatività che ella ha nel corso degli anni sviluppato: dal nucleo centrale della musica, legato all'intenso studio del pianoforte all'attenzione per l'universo della parola, declinato in diversi aspetti quali il teatro, la prosa e, last but not least, la poesia. Quindi, se non v'è sorpresa, vi è però un profondo interesse nella scoperta di un mondo interiore ricco e affascinante, per l'esercizio di una riflessione continua e attenta sui sentimenti altrui e propri, e sui valori universali dell'humanitas, quali quali l'amicizia, il senso della fratellanza, la fede. L'altro versante della produzione poetica di Chiara è legato alla sua delicata fanciullezza: s'inseguono i giochi in una filastrocca che rievoca l'alternarsi del bene e del male nella vita di ciascuno di noi, l'attesa gioiosa del Natale, i sogni di un affetto vago e indefinito. Eppure in quest'orizzonte complessivamente limpido non mancano i momenti di smarrimento, le richieste inevase dell'io che cresce e si trova disorientato nel vasto mondo, tra ineguaglianze e dolori, provando a combattere con le sue sole forze le difficoltà o addirittura le ostilità che percepisce intorno a sé.

Chiara predilige forme espressive schiette e decise laddove evoca i propri spazi interiori, mentre ricorre alla filastrocca e all'andamento allitterante quando indaga sulle verità assolute dell'amore e del suo contrario, dell'amicizia e della solitudine, del presente e del passato con i loro fantasmi. Talvolta la poesia diventa una prosa ritmata, nel caso di una riflessione che urge nella mente e scivola su carta prima di essere disciolta nella strofa. A Chiara, infine, un augurio "oraziano" affinché la sua ispirazione si perfezioni negli anni e trovi sempre nuovi e fecondi spunti nel percorso formale e informale di conoscenza che la coinvolge: Nec virtute foret clarisve potentius armis/quam lingua Latium, si non offenderet unumquemque/poetarum limae labor et mora.

Daniela Borrelli

Prefazione

Dinanzi a questa piccola ma preziosa raccolta di poesie, un moto di commozione mi riporta alla mente il brillante percorso scolastico della piccola autrice. Di Chiara, sin dal primo momento, ho potuto apprezzare l'alta sensibilità poetica, principalmente negli elaborati in prosa che nel corso del triennio della scuola secondaria di primo grado ha costantemente svolto con prospettiva del tutto originale, spiccatamente personale. Ha il dono di forme espressive fortemente evocative, oscillanti tra sogno e realtà, non solo nel descrivere gli argomenti di carattere personale, ma anche rispetto a quelli di tipo relazionale e sociale. L'accuratezza con cui ha affrontato temi tanto diversi, rivela l'alta maturità di pensiero e la profonda attenzione che dedica al suo mondo interiore ed a quello estraneo al proprio sé, decifrando con intelligenza le dinamiche sia dei fenomeni dell'adolescenza che di quelli del mondo adulto. Ed è quanto si può riscontrate anche nella presente raccolta.

Colpisce di Chiara la scrupolosa attenzione al dettaglio, l'ostinata quanto dolcissima volontà di approfondimento, forte come un bisogno; la partecipazione appassionata, costante, il confronto costruttivo e critico. E' bello vedere come in lei ogni seme di conoscenza sia subito trasformato in un frutto di competenza, di opinione matura, fondata. Colpisce di Chiara la compresenza, al momento dell'apprendimento, di pensiero razionale ed emozione; colpisce la purezza del cuore di una fanciulla che trasforma gli stimoli ricevuti in pensiero critico; colpisce il suo spirito creativo capace di interpretare il mondo, interiorizzarlo e restituirlo in nuove rinnovate forme.

La poesia di Chiara tocca i temi fondamentali dell'adolescenza, talora con semplicità e schiettezza, talaltra con articolata complessità di costruzione e di pensiero. Prevale in alcuni componimenti il bisogno di comprendere la realtà, interiore e circostante, di definirla attraverso immagini nitide e puntuali, e di restituirla al lettore con rapida immediatezza. Altri componimenti invece sono pervasi di immagini surreali che associano e richiamano altre immagini, in un vortice di emozioni incalzanti, evidenziando la grande capacità di Chiara di ascoltare il proprio flusso emozionale e trasformarlo in piacevolissima poesia, sorprendentemente originale ed evocativa.

Clara Pasquariello

L'amicizia

Tutti hanno scritto tanto sull'amicizia, ma il vero significato non si sa.

Quando pensi di saper tutto di Lei, com'è fatta, come funziona, che cos'è

Ecco che ti sfugge……

Come un angelo, come un petalo di rosa, come un gabbiano che prende il volo,

è un sogno irraggiungibile, inarrivabile

E' l'Assoluto.

Amico

Persona pronta

a tutto per il

tuo bene, per

vederti sorridere,

vederti felice,

vedere sul tuo

volto quel sorriso

che è stato a

volte sottratto

a lei.

Angeli

Corpi celesti,

creature alate,

messaggeri puri,

custodi affidabili,

amici sinceri.

Vite per proteggere

Altre.

Bellezza

Cosa astratta

caratteristica umana

che fa credere di

essere superiori,

imbattibili.

Cosa che può

distruggere anche una

grande amicizia.

Bellezza cosa buona

e cattiva allo stesso tempo.

Calore

Effetto dell'amore,

dell'amicizia,

della pace.

Sensazione piacevole

che ristora il

corpo e la

mente nei giorni

tristi e

grigi.

C'era

C'era una volta un sogno e quel sogno eri tu
C'era una volta una notte e quella notte ero io
C'era una volta una voce e quella era un ricordo
C'era una volta una goccia e quella goccia era una lacrima
C'era una volta una lacrima e quella lacrima bagnava un viso.
C'era una volta un viso e quel viso era un deserto.
C'era una volta un deserto e quel deserto era il mio cuore.
C'era una volta un cuore e quel cuore era un campo di guerra.
C'era una volta un campo di guerra e quel campo di guerra era illuminato dal sole.
C'era una volta il sole e quel sole ci guardava.
C'era una volta uno sguardo e quello sguardo era da cornice.
C'era una volta la cornice all'immagine del nostro non so.

Chiesa

Luogo religioso

Famiglia di Cristo

Tempio di Dio

Luogo nel quale

Veniamo battezzati e

Nominati figli di Dio.

Curiosità

Caratteristica buona

o cattiva,

dipende da come si interpreta.

La curiosità ci permette

di scoprire fino in fondo

chi ci sta vicino.

Diversità

Macchia di tutti i

Colori, che indica

Che ognuno è diverso e ancora

Diverso. Questo è il bello della

Diversità. Non si finisce mai

Di imparare.

Fraternità

Legame di sangue

E non solo

Caratteristica che

Contraddistingue le

Persone. La

Fraternità è

L'unione amorevole

Di due persone

Che si aiutano.

Foto

Ritratti non

disegnati,

momenti belli

racchiusi in un immagine

che trasmetterà

sempre tanta

sicurezza.

Giochi

Liberano la mente

Aiutano ad essere felici

Ti fanno crescere.

La vita è come un gioco, in cui devi giocare

ed usare tutte le tue carte ed accettare

qualche piccola sconfitta.

La Libertà

La Libertà è

Come un volo

Senza fine, è

Una vita parallela

Che si sviluppa

Nel cuore di ognuno.

La Libertà non

Può essere intrappolata

Perché essa è libera e

Senza fine.

Il serpente bianco

Il serpente bianco che l'anima ti rubò
Ora tu sei malvagio
E la volpe che tu hai lasciato non ti perdonerà.
Sullo specchio della vendetta forse tu troppo ti sei ammirato
Tu che ami troppo la tua anima lei non ritornerà.

Il serpente bianco che l'anima ti rubò
Ora tu sei malvagio
E il serpente bianco che hai rinnegato
Non ti perdonerà
E allora ti devi a lui immolare per farti perdonare
E il serpente bianco che lo sa il corpo ti strapperà

Il serpente bianco che l'anima ti rubò
Ora tu sei malvagio
E il ciliegio che è per te appassito
Mai più rifiorirà.
Della sua ombra forse tu troppo ti sei fidato
e la sua ombra che ti ha riparato mai più lo farà

Il serpente bianco che l'anima ti rubò
Ora tu sei malvagio
E il campo che ti ha cresciuto non ti nutrirà
E allora tu devi viaggiare per dimenticare
Ma quel campo sarà sempre parte di te

Il serpente bianco che l'anima ti rubò
Ora tu sei malvagio
E il villaggio che hai tradito mai ti perdonerà
E allora tu devi odiare per non dimenticare
E la foglia che lo sa
La sua ombra ti donerà.

La mia rosa

Arrivi su una farfalla

Trainata dallo scirocco

Fiore delicato

da ogni uomo è stato donato

alla propria donna.

La rosa più importante che splende

In un giardino di pungenti spine e dolori.

Libri

Svago della mente,

mondo alternativo,

vita parallela

storie che vengono

raccontate per aumentare

l'intelligenza e l'amore

in ogni essere umano.

L'inverno dei bambini

In inverno cade la neve,
bianca, soffice e lieve.
Viene Babbo Natale e tutti sono felici,
giocano con i bambini anche i mici.

Il Presepe e l'albero di Natale
ci ricordano un po' Carnevale,
con le loro luci colorate
fan diventare noi bambini spensierati.

I primi giorni d'inverno, i ragazzi, come pazzi,
giocano a pallone o con l'aquilone.

Un po' più in là arriva la Befana,
che ci fa le calze, per i giochi, con la lana.
tutti contenti, pur battendo i denti,
aspettiamo il Natale, che arriva puntuale!

Gli alberi alti e spogli
salutano i pupazzi di neve e gli agrifogli.

Dopo le vacanze ricomincia la scuola
"Libri, ciao, ci vediamo tra un'ora!"
Che bello il Natale, che mai annoia,
ma ci porta sempre una gran gioia!

Natale è

Festa di gioia,

amore,

pace,

serenità.

Festa in cui

Si pensa agli

Altri e si

Ama con tutto

Il cuore.

Presepi

Insieme sacro

Dio e uomini

Trinità religiosa

Indica l’unità

Della famiglia

Cellula della società

E nostra casa

Memoria

Parte dell'intelligenza,

importante per

tutti. Base

essenziale per lo

studio.

Serve per capire e comprendere

tutto ciò che

si desidera.

Musica

Suono dolce e soave

Che riempie l'animo

Quando è colmo di stanchezza,

di odio e di paura.

Lampo che schiarisce

I pensieri,

lama che taglia

la mente.

E' una medicina per i mali dell'animo.

Pace

Momento dolce,

amorevole,

soave,

lieve.

Sensazione di

Purezza di

Spirito e di

Solidarietà verso

Gli altri.

Scendi

Minuti inafferrabili,

veloci, lesti corrono

verso un mondo dove

ogni secondo è prezioso

il mondo di chi

deve e deve eternamente lavorare.

Sicurezza

Ancora della

Vita, la sicurezza che

C'è in noi è

Un'arma per

Combattere contro

Le avversità della

Società che a volte

Corre troppo veloce.

Nella vita

La vita è tutta nera

Se un amico non si ha

Serve un poco di colore

Quando il sole se ne va.

Quando tutto sembra nero

Un amico è là

La luce della gioia

E della tua felicità.

Oblio

Sei lì,

ascolti gli ultimi battiti di quel cuore che non è mai stato

tuo, guardi le ali della farfalla che rincorrevi da bambino.

Altri battiti rinneghi la vita, che ti hanno rovinato.

Alzi gli occhi, è il sole?

Un fischio

guardi il film della tua vita,

la voglia di lottare contro la vita

che finalmente ti abbandona.

Orgoglio

Mai ti fermerai soldato nero,
mai tu mi umilierai con un sonoro
"Mi arrendo".

Mai il tuo cuore ammetterà di aver perso,
mai la tua vita ti renderà quello che
hai voluto togliere agli altri.

Perdersi

Ci perdiamo come aliti di vento tra le dita degli alberi che si protendono al cielo in cerca di libertà.

Ci soffermiamo sfuggevoli nell'aria per poter ancorarci disperatamente a terra, sentendola divenire parte di noi e respirandone l'acre profumo e siamo percorsi da roventi idee di ribellione, spiriti di fuoco ci rodono dentro e con travolgente forza ci portano a schiantarci tra le onde bianche di un foglio.

Ci portano ad impugnare con mano sanguinante di inchiostro la penna che ha ferito coscienze e che ha cercato di sprofondare nelle viscere del subconscio umano.
E ci svegliamo la mattina con l'anima in guerra pronti a cambiare il mondo degli ultimi e pronti a proteggere il nostro mondo.
Pronti a voler cambiare gli altri e a dar battaglia a tutti.
Cambieremo il mondo per appagare il nostro fuoco ma saremo disposti a spegnere il nostro fuoco per poterci illudere di aver veramente cambiato il mondo.

Qualcosa che non va

Io sarei stato solo io se non ci fossi stato tu

E ora sarei più felice guardando ad occhi chiusi

Senza aspirare a niente ma vivendo di certezze
e di pane quotidiano

Senza stare in mezzo al cielo come l'aquilone
che ha perso il filo

Senza cercare di andare contro una corrente troppo
stretta e troppo strana in un mondo troppo diverso.

Sarebbe stato troppo semplice guardare le nuvole,
aspettando un messaggio.

Bendando il cuore e tappando le ali lasciandosi attirare
banalmente dalla gravità come marionette ma nessuno
avrebbe sofferto mai e nessuno avrebbe riso mai, ma
soprattutto io sarei stato solo io un essere pieno senza
te, ma probabilmente non mi sarei bastato.

Ricordi

Volano come uccelli

Veloci nella nostra

Mente. A volte

Sfuggono, li dimentichi,

ma poi ritornano,

come lame dorate

che tagliano la

memoria. I ricordi

sono molti e

importanti

Sguardi

Fitti come soldati

Che volano nell'aria,

si posano sereni su

persone e su cose.

Sguardi, a volte

Feriscono, altri aiutano.

Gli sguardi popolano

L'aria e il tempo.

Silenzio

Silenzio.

Ascoltare il vento che sfiora alberi, vasi

e agita i lunghi capelli di una anziana signora;

che ascolta il lontano rumore delle campane.

Le campane di quel Duomo morto, vuoto,

e vive in solitudine i suoi giorni.

Tutto è fermo,

e anche il tempo sembra essersi fermato.

La signora se ne sta sui gradini di

un negozio ormai vuoto,

senza proprietario, senza storia, senza niente.

Le uniche cosa che popolano la strada

sono la vecchietta

e il silenzio.

Sogno....e....realtà

Sogno e realtà

Sono due mondi paralleli

Divisi dal canto di un uccello

Una goccia di rugiada.

Sogno e realtà

Sono complementari

Come bene e male

Come acqua e fuoco.

Va dove ti porta il cuore
Generazioni

Antiche, remote o future,

sono parte di noi,

del nostro cuore

sono i nostri affetti che

non abbiamo mai conosciuto

oppure che ci sono accanto.

Ci aiutano a vivere la dura eppure magnifica vita.

Chiara non lo sa

"Chiara non lo sa. Non lo sa che "poesia" ed effusione pura di sentimento non sono sinonimi, non sono sovrapponibili. Per questo la sua testimonianza "primigenia" è preziosissima, come il canto di un aedo omerico, come l'impronta di una mano urlante sulle pareti di una grotta di Lascaux.
Chiara non sa che l'ingenuità del non sapere è un tattica, che la sconoscenza metodologica e sovrastrutturale deve essere simulata da chi sa, per farsi "arte", per cui riversa la sua "ingenuità" sul foglio come un miracoloso distillato di verità.
E la verità che racconta Chiara è che siamo nati per raccontare, non per vivere o per santificare, e che nel racconto c'è il nostro riscatto, la nostra terapia, la nostra croce deliziosa, il nostro "istinto". Chiara accoglie, prima d'averlo udito, il raggelante e semplice assioma di Alcinoo, re dei Feaci, che a Ulisse piangente, incapace di sopportare il racconto creato dall'aedo-regista Demodoco, che lo faceva protagonista di un'orrenda notte di sangue e fuoco voluta venti anni prima proprio dall'eroe uccisore di un bambino, figlio del suo nemico, rispose che le lacrime non erano giustificate, perché tutto era accaduto e tutto accade affinché noi possiamo avere materia di canto: la vita, cioè, è epifenomeno del narrato, sua ancella, suo presupposto, sua sbiadita copia.
Per chi genera figli o insegna, non c'è momento peggiore di quello in cui bisogna gettare sulla vita dei nati la storia, il passato, il peso della violenza. Per le ragazze è atroce. Atroce dover dire a piccole donne che non hanno limiti né barriere, che nutrono immani speranze e sogni immensi, che sentono potenza infinita e potere illimitato, che qualcuno ha intrecciato corde di refe e violenza per segare i loro polsi, tagliare i loro orizzonti, frustare i loro

corpi di superiore bellezza, e, geloso della loro forza e della loro potenza ha provato e prova a negare per legge e per malintesa, mistificata "naturalità" il loro ingresso nella storia futura...
Parimenti è atroce dover dire ai ragazzi che si cimentano con la parola, sentendone intatta tutta la sacertà e dirompenza, che non così, non così si assurge al rango di "autori", che ci vuole vissuto, tecnica, corruzione "funzionale" dell'anima, perché l'arte è più ritorno a perduta purezza che esplosione di purezza pura...
La composizione di pensieri e liriche da parte di un adolescente è un monito agli adulti, una straziante e annientante richiesta di lasciare il passato a testimonianza del passato e di non contaminare più il presente con le sue pur necessarie ombre, lasciando splendere finalmente la luce nuova...

La poesia non è esplosione di sentimenti; la poesia non è descrizione di pulsioni e fremiti; la poesia non è scudo alla durezza della vita; la poesia non è sfogo di lacrime non versate...
Chiara non lo sa.
Nessuno osi rivelarglielo!

Prof.ssa Marcella Raiola.

Chiara e il suo libero pensiero metacognitivo.

Una piccola donna che si racconta in variopinte reminiscenze, un percorso narrativo di memorie che tornano colme di significati; ciò che ha udito, toccato e visto quando era poco più di una bambina. Indelebili, trasudano dalle sue parole, dove le figure prendono corpo, dando vita alle pagine del libro.
Il "suo" libro, la trama del suo vissuto intrapsichico disseminata di gesti amorevoli di una mamma premurosa. Una figura sicura che l'ha introdotta al mondo, prendendole la mano sul terreno dissestato ed incoraggiandola a camminare da sola nei campi del sapere. A piccoli passi è giunta all'Assoluto e al Relativo, ha imparato cos'è il bene e cosa il male, si è alzata in punta di piedi per sfiorare l'infinito con un dito. Lo stesso infinito che riempie i suoi occhi e il suo cuore.
Dinamiche psichiche ed emozionali muovono i suoi pensieri, talvolta ricchi come quelli di una bambina che gira capricciosamente la trottola suonante, esplorando il fluire della realtà, talvolta agitati come quelli di una donna determinata e guerriera che, con occhio curioso, scruta il substrato adulto. Il tutto tesse un intreccio di motivazioni inconsce e desideri animati da pulsioni, a cui non avremo mai accesso se non attraverso il fervido percorso a cui ci invita.
Ad incarnare l'alto valore dei suoi scritti, si impone forte la capacità di collocarsi nei punti in cui più intenso è lo sforzo di ampliamento dei propri confini. Ed è qui che siamo disposti a mutare insieme a lei, è qui che, al termine della passeggiata in sua com-pagnia, ritroviamo le pulsioni originarie dell'anima e i porti sicuri del nostro navigare.
Chiara, una piccola donna che non perde la strada dei suoi desideri.

Dott.ssa Serena Sibilio (psicologa)

Biografia di Clare Galloway
Autrice del dipinto in copertina

Sono cresciuta in un paese delle Isole di Arran, nel sud ovest della Scozia. L'ambiente selvaggio e il clima hanno influenzato il mio lavoro, così come l'isolamento del mio villaggio e la mancanza di stimoli culturali. Fin dalla tenera età mi sono sempre interessata agli aspetti spirituali e filosofici delle questioni, così come ho cercato di capire intimamente il ciclo della natura e della sopravvivenza.
Durante tutto il mio percorso scolastico sull'isola e dopo l'accademia d'arte in Glasgow, mi sono trovata totalmente in disappunto con il concetto di educazione, e di conseguenza con il mio posto nel mondo. Ispirata dall'approccio dei miei genitori alla vita e stimolata da tutte le cose sbagliate che ci sono nel mondo, ho deciso di continuare con un percorso di auto-didatta tramite viaggi, lavori di terra e vita colorate, libera e avventurosa.
Durante gli anni novanta, ho vissuto un periodo di isolamento e di personale sviluppo. Questo è sfociato in grandi corpi di immagini potenti che hanno incominciato ad attirare il pubblico e varie collaborazioni. Ho esplorato il mio unico visivi linguaggio, usando l'intuito e approcci spontanei tutto il tempo. Questo momento di grande energia è stato seguito da un periodo di avventura in Cipro, che ha arricchito il mio lavoro visivo e mi ha dato una buona conoscenza di umiltà, vita semplice e guarigione tramite pensieri positivi.
Io uso l'arte come metodo di comprensione delle nostre relazioni con la realtà, usando archetipi e storia/metamorfosi personale e collettiva. Per mezzo della pittura, della scrittura e della condivisione di idee, mi sono interessata a energie stimolanti e ispiranti.

Lavorando sempre fuori dalla corrente principale ho trovato molti modi di rappresentare idee positive e coscienti cambiamenti del mondo. Una seconda qualificazione in "Arte, spazio & natura" a Edimburgo (2007) mi ha aiutato a prendere i vari aspetti del mio lavoro in coerenti format e direzionare le influenze delle mie idee per l'ispirazione....
In questi ultimi 10 anni, ho avuto l'idea di costruire una "Art House" con l'intenzione di inviare il potere della creatività e della coscienza positiva. Da un villaggio di Cipro al piani di un consiglio di Edimburgo, dopo un remoto cottage nella "Scottish Bordes" ad una casa antica in un paese di collina in Italia, ho esplorato tutte le vie che può prendere il mio lavoro e in effettivi contesti. Sono sempre stata ispirata dalla possibilità di diffondere l'energia positiva. Sono attualmente un pioniere della nuova arte-eco-spirituale comunitaria in questo piccolo paese medievale semi-abbandonato e sto creando un vibrante dialogo interculturale.
Il mio lavoro artistico è stato esibito tra Europa e Nord America e usato in pubblicazioni. C'è una grande collezione dei miei lavori nella "Glasgow Women's Library" ed ho pubblicato una serie di miei cataloghi. Il mio lavoro è ben conosciuto anche per i vari progetti come in "Calder high-rise estate in Edimburgo" (Tra una lista di migliori interpreti della società nel 2008) and Guardia Sanframondi (la città italiana dove ha sede la mia Art House). A breve presenterò anche il libro "Spiraling Upwards" basato sulle filosofie che ho conosciuto in questi anni.

Indice

www.ingramcontent.com/pod-product-compliance
Ingram Content Group UK Ltd.
Pitfield, Milton Keynes, MK11 3LW, UK
UKHW020231250726
13967UKWH00001B/305

9 781291 226836